글 김미희

2002년 한국일보 신춘문예로 등단하고 동시, 동화 부문에서 푸른문학상과 《동시는 똑똑해》로 서덕출문학상을 받았습니다. 그동안 세상에 내놓은 책으로 《공부를 해야 하는 12가지 이유》, 《놀면서 시 쓰는 날》, 《모모를 찾습니다》, 《폰카, 시가 되다》, 《얼큰 쌤의 비밀 저금통》, 《하늘을 나는 고래》, 《한글 탐정 기필코》, 《엄마 고발 카페》, 《우리 삼촌은 자신감 대왕》, 《동시는 똑똑해》, 《예의 바른 딸기》, 《오늘의 주인공에게》, 《외계인에게 로션을 발라주다》, 《마디마디 팔딱이는 비트를》, 《실컷 오늘을 살 거야》, 《서프라이즈 가족》, 《알약밥》 등이 있습니다.

그림 노은주

한양대학교 경영대학원을 졸업한 뒤 꼭두일러스트교육원에서 그림책을 공부했고, 지금은 두 아이의 엄마이자 어린이책 일러스트레이터로 활동하고 있습니다. 쓰고 그린 책으로 《책이 스마트폰보다 좋을 수밖에 없는 12가지 이유》, 《한글이 우수할 수밖에 없는 12가지 이유》, 《학교가 즐거울 수밖에 없는 12가지 이유》가 있고, 그린 책으로는 《거꾸로 가족》, 《쌍둥이 아파트》, 《하루와 치즈고양이》, 《이상하게 매력있닭!》, 《버럭 임금과 비밀 상자》, 《공부를 해야 하는 12가지 이유》, 《외계인을 잡아라!》, 《왈왈별 토토》, 《귀뺨맘딱》, 《초등 래퍼 방탄_오디션을 점령하라!》, 《초등 래퍼 방탄_유튜브를 점령하라!》, 《초등 래퍼 방탄_학교를 점령하라!》, 《우리 사부님이 되어 주세요》, 《거꾸로 편의점》 등이 있습니다.

공부를 해야 하는 12가지 이유

1판 1쇄 2020년 11월 10일
1판 3쇄 2024년 12월 5일

지은이 김미희 **그린이** 노은주

펴낸이 모계영 **펴낸곳** 가치창조
출판등록 제406-2012-000041호
주소 경기도 고양시 일산동구 중앙로 1347 쌍용플래티넘 228호
전화 070-7733-3227 **팩스** 031-916-2375
이메일 shwimbook@hanmail.net
ISBN 978-89-6301-207-0 73300

ⓒ 김미희, 노은주 2020

★ 이 책의 내용과 그림은 무단 복제하여 사용할 수 없습니다.
★ 잘못된 책은 구입하신 서점에서 바꿔 드립니다.

가치창조 공식 블로그 http://blog.naver.com/gachi2012
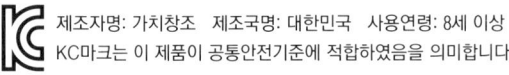는 가치창조 출판그룹의 어린이책 전문 브랜드입니다.

제조자명: 가치창조 제조국명: 대한민국 사용연령: 8세 이상
KC마크는 이 제품이 공통안전기준에 적합하였음을 의미합니다.

공부를 해야 하는 12가지 이유

김미희 글 · 노은주 그림

단비어린이

작가의 말

여러분, 공부를 잘하고 싶나요?

솔직히 저도 공부를 잘하는 친구들이 부러웠어요.

이미 학교를 졸업한 어른이 되었지만,

지금도 학교에서 좋은 성적을 내는 이들을 보면 부럽긴 마찬가지예요.

하지만 지금의 부러움은 학교에 다니던 때와는 조금 달라요.

그땐 학교 성적이 전부라고 생각해서 성적 순서로 아이들의 실력을 평가했거든요.

그런데 지금은 성적이 좋으면 '저 아이는 여러 가지 재능 가운데

학교 공부를 잘하는구나.'라고 생각하는 거지요.

무슨 말이냐고요?

바로 '학교 성적이 공부의 전부는 아니다.'라는 말을 하고 싶었어요.

점점 자라면서 그것을 알게 되었지요.

시험 성적을 잘 받는 것도 중요하지만,
그보다 주위의 모든 것에 대해 배우고 깨달아
나의 지혜로 만드는 것이 훨씬 중요하다는 것을요.
그래서 공부는 학교 수업이나 시험을 위해서만 있는 것이
아니라는 것을요. 학교에 다닐 때만 하는 게 아니라,
우리가 숨 쉬는 동안 해야만 하는 게 공부더라고요.
어른이 되어서도 공부를 해야 한다니, 절망스러운가요?
걱정하지 마세요. 살아가는 동안 우리가 하는 공부에는
재미와 즐거움도 반드시 들이 있으니까요.
'학교 공부가 공부의 전부가 아니라면, 공부는 대체 뭐지?'라고
생각해 보는 지금 이 순간도 여러분은 공부를 하고 있는 거랍니다.
그러니까, 우린 언제 어디서나 쉬지 않고 공부를 하고 있어요.
다만 그게 공부라는 걸 알아채지 못했을 뿐이죠.
자, 공부합시다!

오늘도 여러분을 공부하는 작가,
김미희

"공부해라!"

우리는 만날 이 소리를 들어요.

공부가 대체 뭘까요?

왜 공부를 해야 할까요?

어떤 게 진짜 공부일까요?

이런 건 안 가르쳐 주면서 공부하래요.

그러니까 공부하기 전에

공부에 대해 알아보자고요.

공부하고 있지?

공부 끝나면 나랑 놀자!

1. 공부, 뜻이 뭐예요?

공부(工夫)는 중국에서 온 한자말이에요.
소리내어 읽으면 '쿵후'예요.
어디서 많이 들어 본 것 같죠? 네, 맞아요.
중국 영화엔 종종 머리를 박박 깎은 사람들이 무기 없이
손과 발로 날렵한 권법을 선보이곤 하죠.
영화에선 주인공이 쿵후를 배우러 가면 스승이
무술은 안 가르쳐 주고 무술과 전혀 관계없는 일들만 시켜요.
마당을 쓸어라, 장작을 패라, 물을 길어라…….
이런 일들만 여러 해 동안 시키니,
도대체 무술은 언제 가르쳐 줄 거냐며 투덜거리게 되지요.

하지만 그게 싫어서 짜증을 내고 포기하면 무술은 배울 수 없죠.
스승은 왜 그런 일들만 시켰을까요?
아마도 무술을 잘 배워서 꼭 필요한 때에 그것을 잘 활용할 수 있도록,
바른 몸가짐과 마음가짐을 깨닫게 하기 위해서가 아니었을까요?
물을 길어 오고 마당을 쓸면서 몸의 균형을 익히고,
장작을 쪼개면서 집중력과 근육의 힘을 키우고,
또 이런 일을 매일같이 반복하며 인내심을 키우고요.
생각해 보세요. 몸이 아프면 아무 것도 할 수가 없잖아요.
책을 읽을 수도, 놀 수도, 무엇에 관심을 가질 수도 없지요.
그러니까 쿵후, 즉 공부를 한다는 건
자기의 몸과 마음을 단단하게 만드는 것까지 포함하는 거예요.

2. 잘 노는 것도 공부랍니다!

"에이, 노는 게 어떻게 공부예요?"
아마도 이렇게 말하는 친구들이 많을 거예요.
노는 것도 공부, 맞아요.
왜냐하면 노는 것도 우리 생활의 일부니까요.
세상에 일만 하며 사는 사람은 없어요.
아마도 그랬다간 일 년도 못 살고 죽을지 몰라요!
사람은 일하고 쉬고 놀고 잠도 자야 해요.
우리 몸의 세포는 쉴 새 없이 움직이는 걸 허락하지 않거든요.
틈틈이 노는 것은 기억력과 판단력, 집중력, 절제력, 협동심을 길러 주거든요.

17세기에 존 로크라는 영국의 철학자는 '놀이는 죄악'이라고 했지만,
곧 그게 잘못된 생각이란 걸 알게 됐대요.
노는 건 인생의 축소판이래요.
놀이에서 이기고 때론 지고, 운이 좋았다가 나빠지고,
내가 한 선택이 가져오는 다양한 결과를 경험하기도 하죠.
놀면서 깨닫는 게 얼마나 많은지 몰라요.
만약 놀이가 필요 없다면 놀이터는 왜 그렇게 많이 만들었겠어요.
학교에 운동장과 놀이터는 왜 있겠어요?

철봉 매달리기를 하면서는 어디에 힘을 주고
풀어야 하는지 저절로 터득하게 되고요,
모래놀이를 하면서는 건축을 경험하게 됩니다.
축구는 혼자 할 수 없죠? 규칙을 배우고 팀을 이뤄
각자의 역할에 최선을 다해야만 좋은 결과를 낼 수 있어요.
혼자 공을 갖고 있으면 경기가 이뤄지지 않지요.
이런 경험들이 모두 내 몸과 기억 속에 하나하나 저장되어
더 훌륭한 사람이 되도록 해 준답니다.

세상을 깜짝 놀라게 할 창의적인 생각은
놀 때 가장 많이 발휘된다고 해요.
1988년 서울올림픽을 준비했던
당시 문화부 장관 이어령 선생님은
"개막식의 굴렁쇠 돌리는 장면은 어린 시절 놀았던
경험에서 아이디어를 얻었다."고 말씀하셨어요.
세계적인 올림픽 개막식에 어린 시절 놀이의 경험이
중요한 역할을 한 셈이지요.

외우기 힘든 지식도 게임이나 놀이로 하면
훨씬 재미있고 쉽게 익히게 되지요.
놀이는 예술을 낳기도 했어요.
넘치는 즐거움이나 머릿속에 떠오르는 생각들을
몸으로 표현한 건 춤이고,
종이나 조형물 등에 표현한 건 미술이며,
소리로 표현하면 음악, 글로 표현하면 문학이 됩니다.
어떤 분야에서 전문적으로 가장 잘 노는 사람들을
예술가라고 봐도 틀리지 않을 거예요.

"그러면 휴대폰 게임도 공부가 되겠네요?"

분명 이런 질문을 하는 친구들도 있을 거예요. 이건 맞기도 하고 틀리기도 해요.

왜냐하면 휴대폰은 주로 혼자 가지고 놀고, 몸을 쓰지 않기 때문이에요.

혼자 노는 것보다 잘 노는 방법은 여럿이 함께 노는 거예요.

친구들과 함께 웃기도 하고 다투기도 하면서 서로 이해하고 배려하는 걸 배우게 되지요.

다른 사람을 배려할 줄 아는 것은 굉장한 배움이자 지혜예요.

배려를 아는 어린이가 많으면 많을수록 미래는 밝고 아름다울 거예요.

그러니까 아이들에게 "실컷 뛰어놀아."라고 말하는 어른은 정말 훌륭한 어른이에요.

여러분은 오늘 얼마나 뛰어놀았나요?

오늘 얼마나 공부했나요?

3. 더 나은 선택과 옳은 판단을 위해 공부해요

참 이상하죠?
엄마, 아빠는 아이들에게 틈만 나면 '공부해라.' 하면서,
강아지나 고양이한테는 먹고 싸고 놀기만 하는데도
잘했다고 칭찬해 주잖아요. 왜 그럴까요?
조선의 실학자 정약용은 '공부란 모든 일의 근본이고,
삶의 보람을 찾는 일'이라고 했어요.

사람으로 태어났으면 반드시 공부해야 한다고도 했지요.
누구는 하고 누구는 하지 않아도 되는 게 아니라는 거지요.
공부는 사람을 사람답게 만드는 일이에요.
마음을 바꾸고 행동을 바꾸게 해서 더 나은 사람이 되도록 해 주거든요.

공부는 무엇이 옳고 그른지 알게 해 줘요.
거짓과 진실을 구분하게 해 주고요,
아름다움과 선함이 무엇인지 알 수 있게 해 줘요.
그래서 선택과 판단이 필요한 순간에
좋은 기준을 알려 주지요.

잘못된 판단을 하면 자신을 망가뜨리기도 하고
남에게 피해를 주거나 상처를 줄 수도 있어요.
더 나아가 평생을 후회하고 괴로워하며
살아야 할 수도 있고요.

강아지나 고양이는 주로 사람의 보호 아래 살기에
새로운 환경에 맞닥뜨릴 기회가 많지 않아요.
하지만 사람은 커 가면서 끊임없이 새로운 환경에 놓이게 되지요.
그런 순간마다 어떻게 행동해야 할지 스스로 선택하고 결정해야 해요.
그때 좀 더 옳고 많은 이들에게 이로운 결정을 하기 위해 공부하는 거예요.
어른들도 어린이 여러분과 같은 과정을 겪으며 공부를 해 왔고,
앞으로도 여러 경험을 쌓아 가며 꾸준히 공부해야 하지요.
때로 뭔가 잘못한 어른을 보면 우리는 이렇게 말해요.
"저런 행동을 하다니, 사람도 아니다."
사람답게 살기 위해 지키고 알아야 할 것들은 정말 많아요.
그런 걸 예의 혹은 도덕이라고 하는데,
이것 역시 살아가는 내내 배워야 한답니다.

4. 즐거워지기 위해서 공부해요

어느 나라에서는 학교에 가면 책에다 꿀을 발라 준대요.
책을 읽는 것이 그만큼 달콤하다는 것을 가르쳐 주기 위해서라고 해요.
공부에 대한 즐거움을 표현한 조금 어려운 문장을 볼까요?
공자의 가르침을 적은 《논어》의 첫 문장은 이렇게 시작된답니다.
"학이시습지 불역열호(學而時習之 不亦悅乎)."
배우고 때때로 익히면 기쁘지 않겠는가, 하는 말이에요.
배우고 또 배운 것을 익히는 데서 느끼는 즐거움을 강조한 표현이에요.
여러분은 배우면서 즐겁다,
새롭게 뭔가를 알게 되면서 즐겁다고 생각한 적이 있나요?
언제 그랬나요?

두발자전거를 처음 탔을 때를 떠올려 보세요.
처음에는 균형을 못 잡아 비뚤비뚤 가다 넘어지기 예사였죠.
무릎이 까지고 다치면서도 연습을 통해 마침내
손을 놓고도 타게 되는 경지에 이르렀잖아요.
처음엔 도저히 할 수 없을 것 같은 일도, 꾸준히 연습하면 해낼 수 있어요.
몇 번 넘어졌다고 "나 안 할래!" 하고 포기했으면 지금처럼 잘 탈 수 없었겠죠.

줄넘기는 또 어때요?
누구나 처음엔 1단 뛰기도 몇 개 못 뛰어요.
하지만 연습을 통해 1단 뛰기는 금방 정복하고,
어느새 2단 뛰기도 50개, 100개를 거뜬히 해내게 된답니다.

구구단도 처음엔 어려웠어요.
2단부터 9단까지 이 많은 걸 어떻게 외우나 싶어도,
노래로 외우고 친구들이랑 같이 외우다 보면
어느새 9단까지 다 외우고 더 큰 수의 곱셈과 나눗셈까지 하게 됩니다.
여기서 더 나아가 물건 값을 계산하고, 어려운 수학 문제도 척척 풀게 되며,
수학과 과학을 바탕으로 훌륭한 발명품도 만들게 되지요.

이렇게 배움의 단계를 하나씩 밟아 올라설 때마다
우리는 기쁨과 자신감을 얻게 됩니다.
그걸 '성취감'이라고도 해요.
이런 성취감이 쌓여 우리는 더 큰 걸 이루게 된답니다.

세상엔 훌륭하고 멋진 사람들이 많지요.
그런 사람들을 보며 '나도 저렇게 되고 싶다.' 하고
부러워하고만 있나요? 그렇다면 지금 당장,
저렇게 되기 위해 무얼 하면 될까를 생각해요.
그리고 지금부터 시작하는 거예요.
때로 힘들거나, 빨리 이루어지지 않는다고
포기하지 말고 꾸준히 해 보세요.
공부는 여러분을 배신하지 않을 거예요.

5. 공부해서 남 주자!
다 같이 잘살기 위해 공부해요

어른들이 이런 말을 할 때가 있어요.

"나 좋으라고 공부하니? 너 좋으라고 공부하지!"

맞아요. 하기는 싫지만, 공부를 하면 공부하는 사람에게 이득인 건 맞지요.

그런데 공부하면 나만 좋을까요?

사람은 누구나 자기가 아는 것을 다른 사람에게 알리고 싶고,

내가 배운 것을 다른 곳에 적용해 보고 싶어 해요.

혼자만 알면 무슨 재미가 있겠어요. 생각해 보세요.

배꼽 빠지게 재밌는 이야기를 들으면 금방 다른 친구들에게도

얘기해서 같이 웃고 싶잖아요. 공부도 마찬가지예요.

조선시대 최고의 실학자였던 정약용은
나라와 백성들을 위해 평생 공부한 대표적인 학자예요.
실학사상을 집대성하여 많은 책을 쓰기도 했고, 서양의
과학기술을 배워 우리나라에 적용하는 것에도 관심이 많았지요.
정약용의 대표적인 업적 중 하나가
정조 임금의 뜻에 따라 수원화성을 설계한 것인데,
정약용은 성을 지을 백성들이 걱정되었어요.
무거운 돌을 들어 올리고 끌며 고생할 것을 뻔히 알았거든요.
어떻게 하면 백성들이 힘들지 않고, 시간도 절약하여
성을 지을 수 있을까? 이런 고민 끝에 발명한 것이 바로
무거운 돌도 쉽게 들어 올릴 수 있는 '거중기'예요.

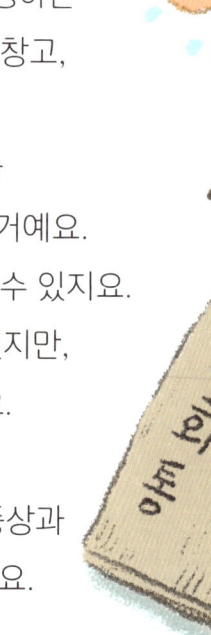

그뿐일까요?
여름에 양반들이 먹을 얼음을 마련하기 위해 고생하는
백성들이 안쓰러워 한여름에도 녹지 않는 얼음 창고,
바로 석빙고를 만들었어요.
겨울에 해가 들지 않는 그늘에 웅덩이를 파
사방을 틈이 없게 막은 다음 샘물을 부어 얼리는 거예요.
그러면 한여름에도 얼음이 녹지 않아 시원하게 먹을 수 있지요.
또 지금은 예방접종하여 홍역을 미리 막을 수 있지만,
옛날에는 홍역으로 죽는 백성들이 많았어요.
정약용은 홍역에 걸리지 않으려면
어떻게 해야 하는지 예방법과 또 걸렸을 때의 증상과
치료법을 담은 책《마과회통》을 쓰기도 했어요.

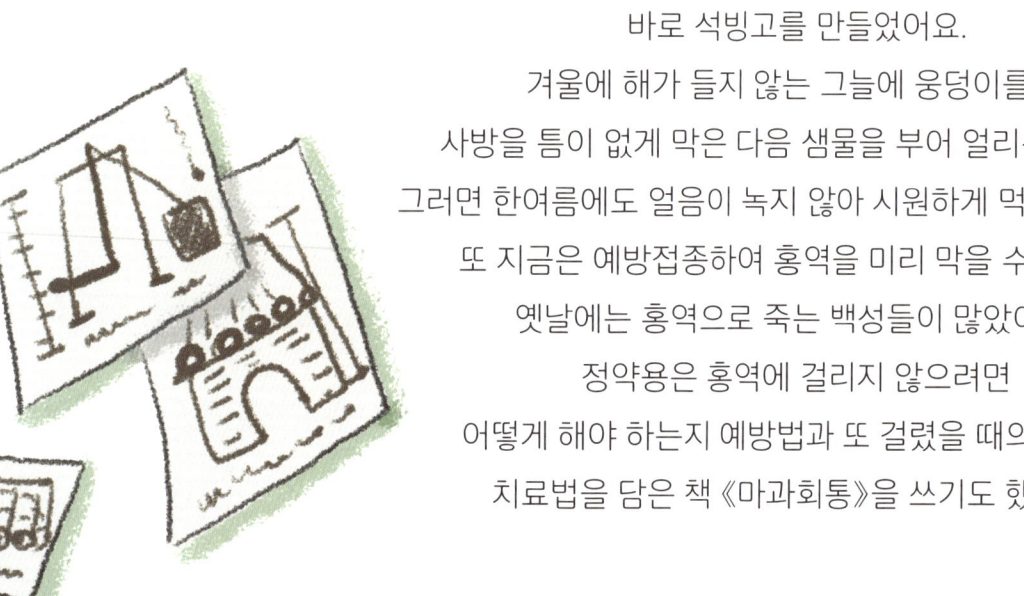

평생 공부한 위인으로 세종 대왕도 빼 놓을 수 없지요.
우리 글자가 없어서 불편했던 백성들을 위해
밤낮없이 연구하여 한글을 만들었지요.
이미 양반들은 중국의 글자인 한자를 사용하고 있었기에,
우리 글자를 만든다는 것에 주위의 시선이 곱지만은 않았어요.
그걸 만들지 않아도 세종 대왕은 편히 지낼 수 있었을 거예요.
하지만 그런 따가운 시선에도 불구하고,
또 누가 하라고 한 것도 아니지만,
백성을 위하는 마음이 공부하게 했지요.
혼자 알면 혼자 기쁘지만,
함께 알면 몇 배로 더 행복해진답니다.

6. 밖으로 나가면 배울 게 무궁무진해요!

책상에 앉아서도 공부를 할 수 있지만, 밖으로 나가면
배울 거리가 더 많아요.
우리 주위에는 자연에서 영감을 받은 훌륭한 발명품이 정말 많답니다.
물건을 쉽게 붙였다 떼었다 하는 벨크로는
산이나 들에서 자신도 모르게 옷에 달라붙는
도깨비풀에서 아이디어를 얻어 만든 것이에요.

옷이나 신발에도 흔히 쓰이고, 낱말 카드나 그림 등을
붙였다 떼었다 하는 데도 쓰이죠.
주위에 돌아보면 벨크로 제품을 쉽게 찾을 수 있을 거예요.
전국을 하루 생활권으로 만들어 준 KTX열차의 두 번째 모델은
우리나라의 토종 물고기인 산천어의 생김새를 본떠 만들었지요.
또 개미나 호박벌이 집을 짓는 것을 보고 우리 건축물에 그 방식을
응용한 사례도 많답니다.
이처럼 꼭 뭔가를 배워야겠다고 생각하지 않아도,
밖으로 나가서 보고 듣는 자연의 모든 모습들이 우리 기억 속에
차곡차곡 쌓여서 나중에 어떤 방식으로 활용을 하게 되지요.

자연뿐만 아니라 일상 속의 경험이 공부가 되기도 해요.
시외버스를 타고 여행을 갔던 적이 있는데요,
버스가 출발하기 직전까지 휴대폰으로 게임을 하다가 출발 시간에 맞춰 버스를 탔어요.
버스는 출발했는데 그때서야 오줌이 참을 수 없이 마려웠어요. 어떡해요?
할 수 없이 버스를 세워 달라고 부탁했죠.
같이 버스에 탔던 40여 명의 사람들은 모두 저 때문에 10분 이상을 기다려야만 했지요.
그 후로는 버스를 타기 전에 꼭 화장실에 다녀오게 되었어요.
경험에서 얻은 지식이나 지혜는 우리가 생활하는 데 아주 쓸모가 있답니다.
어때요, 밖으로 나와서도 배울 것들이 무궁무진하죠?

7. 공부하러 여행 가자!

정우네 가족은 캠핑을 좋아해요.
텐트와 의자와 맛난 먹을거리와 놀 거리들을 차에 싣고 떠나면
마음의 여유도 생기고 생각도 자유로워지죠.
학원에 가는 것보다 몇 배나 더 신나는 일이지요.
사춘기 지우 형도 평소엔 정우에게 쌀쌀맞지만 캠핑을 떠날 때만큼은
사춘기 전쟁에서 휴전하기로 한 듯 옛날의 재미있는 형으로 돌아온답니다.
좁은 텐트에 누워 밤공기를 맡고 있으면 옆 텐트에서 "뿡" 하는 방구 소리도 들려요.
"푸하하하!" 웃으면 곧 "미안합니다."라는 소리가 건너오지요.
온 가족이 몸을 맞대고 누워서 깔깔거리며 배꼽을 잡았던 기억은
오랫동안 잊히지 않아요. 도란도란 이야기를 나누다 누가 먼저
잠이 들었는지 모르는 그 시간들은 사랑이 넘치는 추억이에요.
그런 추억들을 떠올리면 절로 웃음이 나고 마음이 따뜻해져요.
함께 추억을 쌓은 경험은 힘이 들 때나 슬플 때 꺼내 먹는
마음의 영양제와 같아요.

여행은 또 학교 공부를 더욱 잘하게 해 준답니다.
역사 시간에 조선 시대를 공부할 때 빠지지 않는 것이
정조 대왕과 수원화성이에요.
수원화성은 유네스코 세계문화유산으로 지정될 만큼
건축 기술이나 문화적으로 많은 의미를 지니고 있지요.
이것을 교실에서 교과서나 영상을 통해서 배우고,
또 수원화성으로 가서 배운 것을 직접 눈으로 본다면
훨씬 잘 이해하고 오래 기억할 수 있을 거예요.
수원화성의 건설 기간을 단축시키는 데 큰 역할을 했던 거중기,
기능별로 다른 모양과 기술로 제작된 각각의 성문을 눈으로
직접 보면서 우리 선조들의 우수한 지혜를 느낄 수 있고요,
또 "나는 건축가가 될 거야."
"나는 역사학자가 될 거야."라는 꿈을 키울 수도 있지요.

여행을 통해 새로운 환경을 만나고, 또 새로운 사람도 만납니다.
"사람들은 저마다 한 권의 살아 있는 책이다"라는 말 들어 본 적 있나요?
한 사람에겐 그 사람이 살아온 경험이 모두 담겨 있으므로,
사람을 만난다는 건 그 사람의 세계를 만나는 것과 같다는 의미예요.
열 사람을 만나면 열 권의 책을 읽은 것이라고 할 수 있겠죠!
다양한 연령의 사람들, 다양한 직업을 가진 사람들,
다양한 언어를 쓰는 사람들과 이야기를 나누어 보면
다양한 관점을 배울 수 있어요.
"그래 봐야 잠깐인데 얼마나 많은 걸 배우겠어요?"라고 생각하나요?
단 10분의 만남으로도 인생이 바뀔 깨달음을 얻을 수 있답니다.

8. 쓰지 않으면 무슨 재미?

여러분 중에 "나는 인사 하나는 최고야!"라는 사람 손!

네, 지금 손을 들었다면 여러분은 공부를 잘하는 사람이에요.

유치원이나 초등학교에 가서 가장 먼저 배우는 게 뭘까요? 바로 반갑게 인사하는 거예요.

친구들아 안녕? 선생님 안녕하세요? 이렇게요. 동네에선 이웃 어른들께도 반갑게 인사해야 하고요.

그런데 실제로 학교나 동네에서 이렇게 인사 잘 하나요?

해야지 생각하지만 생각보다 말이나 행동은 잘 나오지 않아요.

상대방이 들리지 않을 만큼 작게 말하거나, 표시 나지 않게 꾸벅 인사하고 지나치진 않나요?

상대방이 반가움을 느낄 만큼 기분 좋게 인사를 잘한다는 건

그만큼 인사하기를 잘 배웠다는 뜻이에요.

반대로 배워도 안 쓰면 쓸모없는 지식이 되고 말아요.
그러니까 알고 있지만 실천하지 않으면 공부했다고
할 수 없어요. 인사뿐만 아니라
국어, 수학, 영어, 과학, 역사……
모든 공부가 마찬가지예요.
여러분, 배웠다면 바로 실천해 보세요.
활용하고 실천할수록 더 잘하게 될 거예요!

9. 학교 졸업했다! 공부 끝?

학교를 졸업하고 취직을 해서 스스로 생활할 수 있게 되면
공부는 끝일까요? 엄마, 아빠는 어때요? 이모, 고모, 삼촌은요?
할머니, 할아버지는요? 틈틈이 책을 읽고, 인터넷에서
요리 방법과 자동차 정보, 여행지 정보, 화초 가꾸기 등을
찾아볼 거예요. 이런 것도 공부지요.
60년 동안 해마다 김치를 담가 온 할머니는 올해
더 맛있는 김치를 담그기 위해 정보를 찾아요.
친구들을 만나 물어보고 TV 요리 프로그램을 보고
응용해 보기도 해요. 또 신선한 재료를 찾아
새벽 시장 가기를 마다하지 않죠.

부모님들은 종종 "공부에도 다 때가 있어!"라며 다그치곤 해요.
이때 공부는 학교 공부를 말하는 것이기도 하지만,
사람이 배워야 할 도리를 나이 들어서 배우기 쉽지 않다는 뜻이기도 해요.
나이가 어릴수록 뇌가 유연하고 활발하게 활동해서
더 잘 배울 수 있다는 건 과학적으로 밝혀진 사실이기도 하고요.
뇌도 나이가 들면 늙거든요.
그러니까 어른들이 공부하라고 하는 건
뇌가 젊을 때 더 많이 배워 두면 좋다는 뜻이에요.
'졸업하면 공부 끝'이라는 건 아니지요.
새롭게 아는 게 얼마나 재미있는데, 졸업하면 공부 끝! 이겠어요?

10. 질문하고 탐구하여 적극적으로 답 찾기!

현대 물리학에 가장 큰 영향을 준 과학자 아인슈타인은 이렇게 말했어요.
"내 학습을 방해한 유일한 방해꾼은 바로 내가 받은 교육이었다."
아인슈타인은 1879년에 태어났는데, 당시 학교 공부가 탐구하고
실험하는 것보다 지식을 쌓는 데 중점을 둔 것을 비판하는 말이었을 거예요.
지금 우리가 사는 세상은 실시간으로 얼마나 많은 정보가 쏟아지고 있는지 몰라요.
그만큼 변화하는 속도도 빠르죠.
오늘 쌓은 지식이 내일은 쓸모없어질 수도 있어요.
지금 학교에서 배우는 지식의 90퍼센트가 미래에는 쓸모없어질 것이란
말도 있을 정도니까요. 그러니 지식을 쌓는 데 집중하기보다 정보를 가려내고
새로운 의미를 적극적으로 찾아내는 것이 중요해요.

그러기 위해선 "왜 그럴까?" "왜 이렇게 해야 할까?"라는 의문을 가지고
스스로 답을 찾아가는 탐구정신이 꼭 필요하죠.
그런데 세상이 아무리 빠르게 변해도 변치 않는 진실이 한 가지 있어요.
바로 그 변화의 중심에 항상 '사람'이 있다는 거예요.
과학기술이 발전하고 환경이 달라지고 문화가 바뀌어도
그 모든 변화는 모두 사람을 위한 것이어야 하겠죠.
무엇을 탐구하고 실천하든 그걸 잊지 않으면,
여러분이 더 멋진 미래를 만들 수 있을 거예요.

미래 사회를 연구하는 한 교수는 로봇도 미래의 시민으로 인정받을 것이라고 보고
'로봇 권리장전'을 만들기도 했어요.
인공지능 로봇은 지식을 모으고 습득하는 능력에선 이미 인간을 앞선다는 걸
세계적인 바둑 대회에서도 확인할 수 있었죠.
앞으로 인간과 로봇이 서로 협력 관계가 되어 살아야 하는 시대가 되겠지만,
가슴이 따뜻한 '사람다움'의 가치를 잊지 말자고요!

11. 미래를 내다보는 공부가 있다고요?

"에이, 거짓말! 미래를 어떻게 알아요?"
아마 여러분은 이렇게 말할지도 몰라요.
맞아요, 내일 혹은 한 달 후, 일 년 후에 내가
무슨 일을 하고 있을지, 누구를 만날지는 알 수 없어요.
그런데도 각 분야의 다양한 전문가들은 오래전부터 끊임없이
'미래에 우리 사회가 어떻게 변화할 것인지'를 예측해 왔어요.
그런 예측들이 실제로 상당 부분 들어맞기도 했고요.
내년엔 이런 색상이 유행할 것이라는 가까운 미래부터,
10년 후에 어떤 직업이 생기고 없어질 것이라는
먼 미래까지 다양한 예측들이 꾸준히 나오고 있어요.

전문가들은 어떻게 미래를 내다볼까요?
그들은 어떤 공부를 하고 있을까요?
전문가들의 공통적인 공부를 꼽자면,
과거와 현재를 공부하는 거예요. 바로 역사 공부지요.
우리 사회가 변화해 온 과정을 알면 앞으로 변화할 방향도
어느 정도 가늠할 수 있거든요. 그리고 지금 사람들에게
사랑받고 있는 문화 상품(음악, 미술, 문학 등)도 공부하고요.
길을 걸으며 마주치는 사람들의 모습도 유심히 관찰해요.
이런 여러 가지를 살펴보면 우리 사회가 어떤 방향으로
가고 있구나, 하는 큰 흐름이 보인다고 해요.
여러분, 미래를 알고 싶어요? 그렇다면 지금 일어나고 있는
세상의 많은 일에 꾸준히 관심을 가져 보세요.
책도 읽고 음악에도 빠져 보고, 미술관에도 가 보고요.
그 경험이 쌓이고 쌓이면 여러분도 미래를 내다볼 수 있을 거예요.

12. 마음만 먹으면 세상 모든 것이 공부!

음식을 남기지 않고
깨끗이 먹는 것도 공부요.

친구를 위하는 마음도 공부요.

내가 좋아하는 게 뭔지, 왜 좋아하는지 생각해 보는 것.
그리고 내가 싫어하는 것은 뭔지, 왜 그것을 싫어하는지
생각해 보는 것도 중요한 공부예요.
나에 대해 알아 가는 것이니까요.
다른 사람의 이야기를 귀 기울여 듣고, 필요한 때에
적절한 맞장구를 쳐 주는 것도 공부예요.
다른 사람의 장점을 알아보고 칭찬하는 법을 배우는 것도
좋은 관계를 만드는 데 꼭 필요한 공부고요.

생명을 귀하게 대하는 것도 공부요.

"셋이 길을 가면 그중에 반드시 나의 스승이 있다."는 말이 있어요.
바르지 못한 걸 보면 '저렇게 하지 말아야지'를 깨닫고,
바른 모습을 보면 '본받아야겠다'고 생각하니까요.
배우고자 하는 마음만 있다면 갓난아기도 스승이 될 수 있어요.
웃고 우는 아기에게서 자신의 감정을 잘 표현하는 것을 배울 수 있지요.
모르면 묻고 또 물어서 알려고 하는 것은 공부를 하는 좋은 자세랍니다.
'이런 것도 모른다고 날 무시하지 않을까?' 하는 생각은
과감히 쓰레기통으로 던져 버리고,
오늘부터 무엇이든 궁금해하고 질문하기!
여러분 잘할 수 있죠?